Gift
買いものはいつも贈りもの

菊池京子

幻冬舎

目次

はじめに

✶

大切な人に、愛する人に、人生のすべての出来事を一緒に乗り越えてきた「私」という特別な人に。いつもそばにいてくれる感謝を。また前に進んでいくためのエールを。
ものを選ぶときいつもそんな気持ちでいられたら、私たちの身の回りはたくさんの前向きな言葉で埋め尽くされることになる。「ありがとう」「会えてよかった」「私たち最高にいい仕事したね！」「お誕生日おめでとう」「元気でがんばってね」「I Love You」「これからもよろしくね」……。
私はスタイリストという仕事を通して、たくさんのものに出会ってきました。言葉が行き交い物語が生まれた、たくさんの「もの」。手に取るたびに、目にするたびに、そこに誰かの思いを感じられる。
この本でご紹介するのは、そんな56のアイテムたちです。

ジョン スメドレーのニット

01

シルクの光沢。カシミアの肌触り。一頭ごとに名前の付けられた羊からとられたメリノウールのファインゲージニット。素材やカットの美しさ、細部の繊細な仕事がすべてといっていいシンプルさ。分かりやすいデザインにも、トレンドにも逃げない。
ブランドが誇りをかけて生み出しているアイテムの着心地や着映えにうならされるのは、すごくエキサイティングなこと。ジョン スメドレーのニットは、まさにそう。ずいぶん前から雑誌の撮影でモデルに着せるために借りていたけど、自分で実際に着てみたのは数年たってから。確か、黒のカーディガンだったはず。見た目の上品さや手触りのよさ以上に、袖を通してみて初めて感じる、最高のものを身にまとっている心地よさに、素直に感動したのを覚えています。だから、恋人や、父親や、大親友……大切な人にも同じ感動を贈りたい。ストイックなほど潔く、静かに光沢を放つ、シックなネイビーのニット。ものだけではなく、いいものを着たときの感動と体験そのものを。

Price | ¥27,300

JOHN SMEDLEY

ハムのロングネックレス

02

自分で自分に買ってあげるのもいい。でももしも恋人からこのネックレスを贈られたら、私ならすごく幸せかも。掛けるとチェーンがたっぷり長く、胸の真ん中で一粒ダイヤが揺れるネックレス。
ハムがブランドデビューして間もなく、セレクトショップで偶然見つけたのが、このネックレスとの出会い。まさにこんなロングネックレスを探していたので、理想通りのものを発見したときは嬉しかった。ジェーン・バーキンが、セルジュ・ゲンスブールと初めて出逢った映画「スローガン」で、ミニワンピに長いネックレスを気軽につけていたのがすっごくかわいくて、どうしてもまねしたくて。だけどその時はきゃしゃなロングチェーンのネックレスなんてどこにも売ってなかったので、手持ちのネックレスを２本つなげたり、ブレスレットをつなげてみたり、そういえばいろいろと工夫してました。だからこれを見つけたときは「待ってました！」という感じ。私にとっては、60’ｓの空気、恋する主演の二人、バーキンの魅力たっぷりの存在感、そのとき「かわいい！」と惹かれた自分の感情までそのまま詰まってるようなネックレス。映画のようにミニワンピに合わせるのもいいけど、白シャツにつけてもこのネックレスは素敵。深くボタンを開けた襟元に合わせると、ちらっとダイヤが覗《のぞ》く。チェーンは本当に繊細で、光が当たったときにさりげなく光るだけ。それがまたかっこいい。

Price | ¥58,800

エルメスのふせん

03

友人に、クリスマスプレゼントとして贈りました。わざわざエルメスまで行ってふせんを買うって、自分ではなかなかしないだろうけど、頂きものだったらきっとちょっと嬉しい。持つだけで気品と自信を思い起こさせてくれるブランドのものだから、バッグの中にエルメスオレンジが入っているだけでも気分が上がる。手帳の大事な予定のところにこのふせんを貼ったり、同僚や上司に回す書類にひと言添えるときに使ったりしたら、もしかして会話のきっかけにもなるかもしれない。ルーティンワークの中にちょっとした楽しさが生まれる気がします。

紙一枚のステーショナリーなのに、エルメスの手にかかるとこんなにも素敵。スモーキーなアンティークブルー。ブランドのリボンを模した、トロンプルイユステッチが効いたブラウン。南ヨーロッパの太陽のようなオレンジイエロー。柔らかいカシミアニットみたいなニュアンスグレー。上品な配色のふせん紙がネイビーのケースに収まっている様子は、さながら質のいいストールが重ねてディスプレイされた小さなブティック。シーズンごとにふせんの配色が変わるのも楽しみのひとつです。

HERMÈS
PARIS
The gift of time
Le temps devant soi
HERMÈS 2012

ジョンストンズのマフラー

04

スタイリストという職業柄、贈りものを選ぶときにはついその人のコーディネートを思い浮かべます。いつも着ているあのニットに似合いそう、とか。今日のトレンチコートにこのマフラーを足したらかっこいいな、とか。それひとつでパッと着こなしの印象が変わるマフラーは、プレゼントするのが楽しいアイテム。同時に冬のプレゼントとして定番だからこそ、最高に上質で、身につけてもらった瞬間に温かさと心地よさが伝わるものを選びたい。

ジョンストンズは、18世紀創業のスコットランドブランド。〝最高のもののみがすべて〟という理念から、扱うのはカシミアを中心とした高級繊維のみ。世界中から選りすぐった原材料を自社工場で紡績し、編み上げ、製品にしているため、今でもスコットランド北東部に広大な織物工場を構えている。さまざまなパターンの中でもやっぱり光ってるなと思うのは、ハイランド伝統のチェック。ブラックウォッチも赤のロイヤルスチュワートも、何百年もの歴史を通して愛されてきた伝統柄。トレンドにかかわらず、いつまでたっても色褪せない。そして、カシミアそのものの光沢が生きる無地。私はベージュの大判ストールを持っていて、見た目以上に、肌に触れると、とろけるように柔らかい。大切な人にこそ届けたい、真冬でも幸福感に包まれるような触り心地です。

Price | ¥19,950

レペットのバレエシューズ

05

ファッションブランドのプレスルームは、青山や表参道など東京港区辺りの狭いエリアに結構固まってる。この辺りはぎゅうぎゅうの電車に乗って地下鉄の階段を上り下りしたり、いつも渋滞する246を車で移動するより、歩いたほうが早いこともしばしば。だから私はビルからビルへ、一駅分くらいの距離ならお散歩感覚で歩いてしまいます。そんなときの足元は、結構な確率でバレエシューズ。カーゴパンツやクロップドデニムに、キュートで身軽なこのフラットシューズを自然と選んでしまいます。ネイビー、ピンク、ブラウン、シルバー。かわいいバレエシューズを見つけると、つい買っちゃう。そんな中でもレペットのエナメルブラックはスペシャルな一足。

パリ、オペラ座近くのダンスシューズ専門アトリエだったレペットが、タウン用のフラットバレリーナシューズを作ったのは、女優ブリジット・バルドーの依頼がきっかけ。彼女にちなんで「BB」と名付けられたこのモデルは、発売から半世紀以上たった今でも世界中の女性たちに愛されています。足の指が見えるか見えないかの甲浅シルエットは、とにかく肌の見え方が女らしい。そして軽やかで完璧にキュートなこの形にツヤツヤのエナメルが合わさると……もう、うっとりするほど上品。この靴をはくと歩くのが楽しくなる。ちょっと素敵な場所に寄り道したくなる。レペットのバレエシューズは、いつも私をそんな気分にさせる。

Price | ¥27,300

repetto
repetto

アルネ・ヤコブセンの目覚まし時計

06

20世紀を代表するモダン建築の巨匠、アルネ・ヤコブセンがデザインした置き時計。このモデルは発売当時の1930年代、デンマークの鉄道会社に採用され、各駅に設置されたことから通称「STATION」と呼ばれている。裏返してもスイッチもねじもなんにもない、徹底したシンプルさ。「本当に目覚ましなの？」と誰もが驚くミニマルルックスだけど、実はデザインは忠実に元のまま、最新機能を搭載した賢い復刻モデル。LEDライトはつくし、アラームを止めるボタンなんてどこにも見当たらないのに本体の頭をタッチするとモーションセンサーで音が止まる。さらにスヌーズ機能も付いている。これだけ仕事ができるのに、あくまで平然とした表情。なんてクール。朝起きるのが苦手な私は、大事な日には絶対にスヌーズをかけて眠ります。二度寝どころか三度寝、四度寝しても淡々と私を起こしてくれる、職務に忠実な「STATION」君。すごく懐かしいような、すごく未来的なような、ちょっと不思議なその表情に目が合うと、起きてちゃんと仕事しなきゃなと、寝ぼけた私の頭も冴えてくる気がするのです。

Price | ¥12,600

ARNE JACOBSEN

モンテグラッパのボールペン「NEROUNO」

07

ピアノのようなブラック。モンテグラッパ伝統の八角形のフォルム。シックなのに存在感たっぷりのボールペン。その名も「NEROUNO」。ひとつの黒。名前までかっこいい。私の事務所の男性陣は「これはかっこよすぎて使いこなせない」と引いていましたが、そんなメンズにはこう言いたい。「使いこなせる男にしかあげないから、大丈夫」と（笑）。もしくは「このペンに見合う男になれるように、がんばって」と（笑）。時計とペンは男性にとって仕事の相棒だから、少しくらい背伸びしてもいいと思う。そのアイテムに自分自身が追いつく！　という意志を込めて。
モンテグラッパは創業100年を迎えたイタリアを代表する万年筆ブランド。私も前に別シリーズのペンを愛用していました。やっぱり八角形で、手に持った時のしっくり感や、書き物をする手元がすごく魅力的に見えてお気に入りでした。残念ながらそのペンはなくしてしまったけど、贈り物としてペンを選ぶならと考えた時、やっぱりすぐにモンテグラッパを思い浮かべました。NEROUNOはいちばん代表的なモデル。イタリアでずっと愛されてきた風格がある。このペンを男性が持ってたら、絶対にすごくかっこいい。彼にプレゼントしたら、もしかしてプレッシャーになっちゃうかもしれないけど。

Price | ¥25,000

ファーバーカステルの鉛筆「パーフェクトペンシル」

08

ファーバーカステルは世界で初めて芯の硬度や六角形フォルムなど鉛筆のスタンダードをつくったドイツの名門ブランドで、創業はなんと1761年。250年以上も伝統のあるブランド。堂々と「パーフェクトペンシル」と名乗るこの鉛筆。実はクラシックな外見にたくさんの技を隠し持っている。おしりに消しゴムのついた軸の木材は、ブランドの故郷ニュルンベルクで楽器や家具によく使われるシダー。鉛筆が短くなったときにはエクステンダーとしても使えるキャップは、曇りのないように手で磨いた鏡面仕上げ。さらにそのキャップにはシャープナーと消しゴムが内蔵され、これ一本で書いたり消したりの全部ができる。これぞ機能美という言葉にふさわしい、看板に偽りなしの鉛筆。コーディネートのイメージを絵で描いたり、手帳に書き込む予定も変更が多いので、もともと私は書いては消せる鉛筆派。ここ数年いいものに出会ってなかったけど、これは久々にピンときました。
美しく、すべてが収まっているこの感じ、その几帳面さが、逆に妙に愛らしくもあって、使っていくうちにもっともっと好きになってきています。最初は脚長スリムだったフォルムが、少しずつちびてきて、今はちょっと頭でっかちになってる。それがまた、かわいい。

Price | ¥26,250

ギットマン・ブラザーズのB.D.シャツ

09

男性にシャツをプレゼントするのって結構難しい。せっかくだからたくさん着てほしいけど、王道ブランドのフォーマルシャツはちょっと着る人のテイストや職業を選びそう……。そんなとき、このギットマンのボタンダウンシャツなら、私はどんな男性のクローゼットにもすっと入れると思う。

ギットマンは、サックスフィフスやノードストロームなど老舗デパートにも商品を卸している1948年創業のアメリカのシャツメーカー。糸からこだわって熟練の職人が生産するシャツは、もちろんジャケットの中に着てもキレイだし、休日にはアイロンをかけずにそのまま着れば程よいリラックス感が生まれる。台襟がしっかり立っているので、ニットとレイヤードするときにも襟を出しやすい造りです。創業以来生産拠点をアメリカから移さず、こだわり続けた良質のシャツ。だからきちんと派にもカジュアル派にもこれなら気に入ってもらえるんじゃないかな。それが1万円台で提供されているというのも素晴らしい。ブランドの誇りと努力が感じられる一枚です。

Price | ¥16,800

GITMAN BROS
EST. 1978
Vintage

開化堂の茶筒

10

手に取ると吸い付くような、装飾のない生地ものの茶筒。人の手で作られた工芸品ならではの心憎い設計で、蓋《ふた》を本体の継ぎ目に揃えるようにのせると、押さなくてもすーっと閉まっていく。どうしてこんなことができるのか本当に不思議！　すべてのものに魂が宿ると考える日本ならではの、繊細な意匠だと思う。開化堂の創業は明治初期。文明開化の時代に、イギリスから輸入されたブリキで缶を製作したのが始まり。私が持っているのは銅のタイプで、和の感性と、洋の素材があいまったシンプルな佇《たたず》まいは、なるほど新しい文化にみんながわくわくした、明治時代の雰囲気ってこんな感じなのかと思わせるものがある。写真の右側のような新品の状態から、２年ほど手でなでながら使い込むと、左のような色に変化します。レザー製品もそうだけど、使い込む楽しみがあるものってやっぱり味わいがあっていい。とは言え、実は自宅で使っているものは、キッチンの水や油が跳ねてしまったのか写真のものよりだいぶ使用感が出てしまっているんですが……。でも、それはそれで愛着が湧きます。水濡れに気をつけて大切に扱うとなめらかな色になるそうなので、もうひとつ買って挑戦しようかな。中に保管したコーヒー豆やお茶っ葉がいつでもパリッとして、ぜんぜん湿気ないし、ここからお茶を淹《い》れるとなんだかいつもより美味《おい》しく感じる。いくつか買って、棚に並べておくのもきっとかわいいと思う。

Price | ¥10,500

50年ぐらい前のガラスの器

11

小さいころからずーっとうちの食器棚にあった、ガラスの器。春にはいちご、夏にはパイナップルやグレープフルーツ、冬にはりんごやみかんを入れてヨーグルトをかけて食べたり、いちごやみかんを入れた牛乳寒天を母が作ってくれて、よくこの器で食べたのを覚えています。

そのときは何でもない日常だったことが、大人になった今、こんなに懐かしいものになるなんて不思議な気がします。目の前に富士山が立つ通学路、友達とおしゃべりしながら帰ったこと。妹たちとしたくだらないけんかや、もう飽きたよ、なんて文句を言いながら食べた母の手作りのおやつ。春、夏、秋、冬、それぞれの時間。東京に出てくるとき、このガラスの器を持ってきたのは、やっぱりどこかで寂しいと思ったからかもしれない。子供時代のなにげない毎日がいよいよ終わってしまうこと。だけど、ただ愛されて守られていたその時間をずっと覚えていたくて、何か思い出の証拠が欲しかったのかもしれない。実家の両親に泣きつきたい、なんて思う間もなく忙しい日々は過ぎてきてしまったけど、この器を見るとふっと気持ちが子供時代に戻るのを感じることがあります。たくさんの愛情がこもった、母のお手製デザートをのせて、この器がいつも家族の食卓にあった時代。普段は忘れている温かい記憶が私の心の中心をいつも支えてくれていることを、思い出します。

近江屋のフルーツポンチ

12

季節のフルーツをごろごろ大きくカットして瓶詰めに。見た目よし、食べて美味しい、ハッピーなおもたせ。中身のフルーツが季節によっていろいろ変わるのも楽しみのひとつで、だからつい、シーズンごとにリピートしちゃう。秋には栗が入っていたこともあって、あれは本当に美味しかった。そもそもフルーツポンチ自体ノスタルジックなデザートだけど、このお店は店内の空気感からして、いかにも昔ながらの洋菓子店といった風情。ガラス戸を押し開けてお店に入ると、床は石造り柄のタイル。シンと高い天井。ガラスの大きなショーケースの中にはエクレアやショートケーキ、サバラン……〝洋菓子〟と呼ぶのがふさわしい、気取らない、温《ぬく》もりあるシンプルなケーキが並ぶ。まだコンビニなんてなくて、街角のケーキ屋さんでその日にできたばかりの新鮮な、そして素朴なお菓子を買うことのほうが普通だった時代。そんな時代にタイムスリップしたみたいな体験も含めてかわいいお店です。私はこのフルーツポンチを友人の家に遊びに行くときや、実家に帰るときによく手みやげとして買っていきます。そうそう、おもたせだと言うとラッピングしてくれます。掛けてくれるリボンがまた懐かしい、金ラメ入りのピンクのリボン(そういえば昔はリボンと言えばこれだった)。そんなすべてにぎゅっと心を摑《つか》まれてしまいます。

Price | ¥2,048

ハリウッド・ランチ・マーケットのフライスTシャツ

13

1枚で様になる絶妙なTシャツは、カジュアルの生命線。重ね着や小物に頼らないシンプルさは、シルエットで決まると言っても過言ではない。
代官山を代表するカジュアルショップ、1979年から旧山手通りに店を構える通称ハリランことハリウッド・ランチ・マーケットに、私がもう何年もリピートしている大好きなオリジナルTがある。ガンガン着て洗濯してもぜんぜんくたびれず、程よく体にフィットする、ストレッチフライスTシャツ。95年の発売以来ロングセラーになっているこのTシャツがいかに絶妙か……。まずはなんといっても素材が上質で着心地がいい。しっかりした生地は変に透けたりしないし丈夫だから、たとえば小さな子供のいるお母さんにもオススメです。そして、カラーバリエーションも豊富で、ポイントになっている袖口の「H」が、なんといってもかわいい。ボディがネイビーならロゴはレッド、グレーならイエローなど、とっても魅力的な配色。実は同じ素材で型違いのレディースも出てるんだけど、個人的には、このメンズTのフォルムが好き。いいものを知っている大人にこそ、着てほしいです。

Price | ¥5,460

西尾商店のタワシ「二郎くん」

14

そう､みなさんご存知のあの亀の子束子です。亀の子束子は実は創業100年を超える伝統ある会社で、今でもひとつひとつ職人さんが手作りしているんだそう。知らなかった！　この二郎くんですが、実はボディブラシです。たしか最初はうちの妹が買って帰ってきたんだったか……ちょっとなれそめを忘れてしまったんですが、とにかく二郎くんという謎のネーミングと、タワシで体を洗うという斬新すぎる発想に､なにそれ､面白そう！　となったのが始まり。最初はちょっと毛が硬いので、足裏とかくるぶしから使い始めて、使い続けていくとだんだん柔らかくなってきます。私は今では背中もこれで洗ってるけど、すっごく気持ちいい。嫌なことがあっても、スッキリサッパリ洗い流せる感じ。夏は特にいい気分です。柄の長さもちょうどよくて使いやすいし、多分ちょっとしたマッサージ効果があるんじゃないかな？　全身の血行がよくなる気がする。素材はすべて天然で､「二郎くん」は柔らかめの麻とシュロのタワシだけど、よりハードめがお好みだったらシュロとホワイトパームのタワシ「太郎くん」もある（笑)。まあ､そっちはちょっと男性向けかな。

Price | ¥1,260

デュベティカのダウン

15

イタリア、ヴェニスに本拠地を構えるデュベティカは、モンクレールの中心的役割だった人物がダウン作りのスペシャリストを集めて2002年に立ち上げたブランド。世界に先駆け、本国のイタリアよりも早く日本でブランドのプレゼンテーションを開始。2010年にオープンしたブランド初の旗艦店も、東京の青山。〝品質への厳しい目とファッション性を持つ国だからこそ〟という日本の顧客への思いもなんだか嬉しい。
この十数年の間に、ダウンはすっかり冬のファッションの定番になった。色も形もデザインも選び放題の今、なぜ私がデュベティカに惹かれるのか。それは、ダウンの本質的な魅力、つまり軽くて、暖かくて、気軽で、スポーティであるということを、とことん追求しているという姿勢を感じられるから。ダウン素材は最も軽くて暖かい100%フランス産最高級グレーグースを使用し、デザインはカラフルではあっても、常に立体的でシンプル。デュベティカの製品はひとつひとつが「ダウンの本当の魅力を伝えたい」と語りかけてくる。写真はいちばんベーシックでストイックな、ユニセックスモデル。デザインの特徴はフルジップとボディの配色だけど、これはあえてすべてがブラック。このかっこよさを味わい尽くしたい。

Price | Men's ¥65,100 Ladies' ¥61,950

クリスチャン ルブタンのヌーディパンプス

16

女性だったら誰もが、ジュエリーのように特別に憧れている靴があると思う。私にとってはまさにこの靴がそう。雑誌の撮影でなんどもリースしていたパンプスですが、去年ついに思い切って買いました。もちろん、贈ってくれる恋人がいたらそれはそれで素敵だけど。憧れのアイテムを自分で買うのって格別な楽しみだから、手に入れたときは嬉しかった。そもそも私は、普段は歩き回れるフラットシューズが好き。鮮やかなレッドに塗られたソールはあんまり汚したくないし、淡いピンクベージュをきれいに保つのも至難の業《わざ》。分かってる。分かってるんだけど、この色、トゥの形、サイドから見たときの絶妙な曲線シルエット、チラチラ覗く真っ赤なソールも、この一足に女性が求めるかわいさが全部詰まってる。女性であることの楽しさが詰まってる。このキュートさにぎゅっとハートを掴まれてしまいました。なんでもないいつものデニムに合わせたり、オールブラックのコーディネートの足元にきかせたりして、ちょっとスペシャルな日にだけはいてます。それだけでフェミニンな香りをまとったみたいに、全身のムードが変わる。ロマンティックな物語でも始まりそう。

Price | ¥68,250

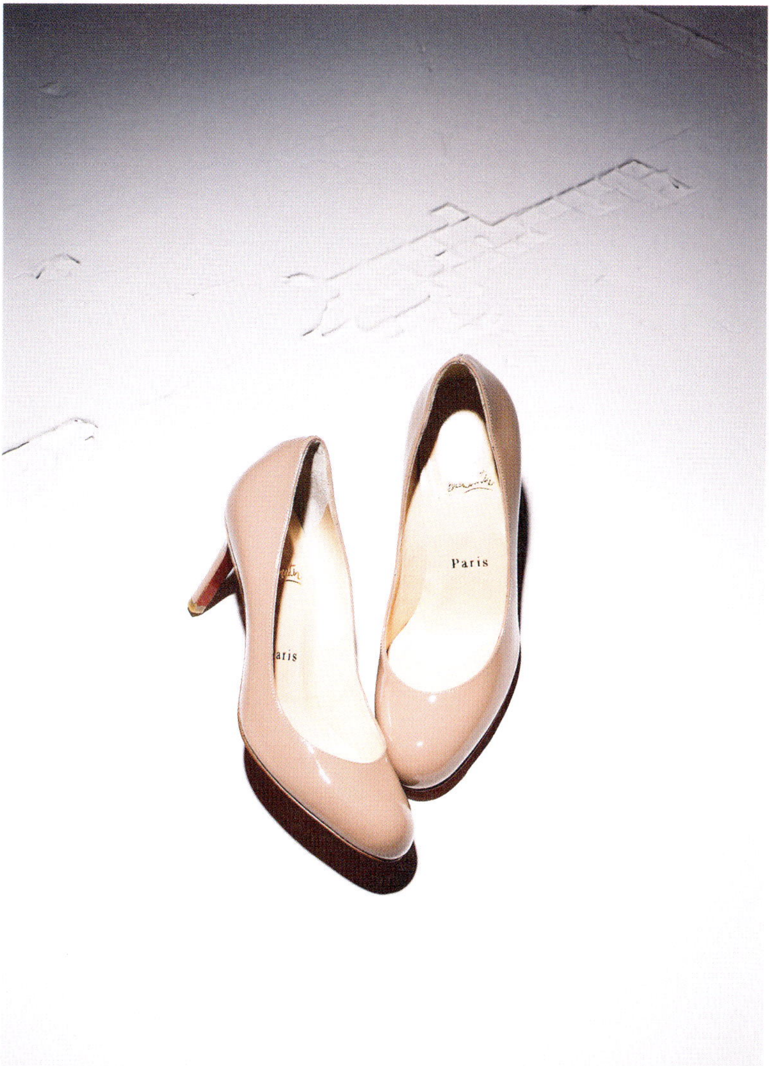
Paris
Paris

ミキモトのパール

17

普段着のパール。その素敵さを最初に教えてくれたのは、私にとって、あのジャクリーン・ケネディ。イエローのＴシャツに、白いカプリ、それにパールを合わせて浜辺を歩く、肩の力が抜けた彼女の姿がすごく印象的で、記憶に残っています。もちろん、彼女の日常はスペシャルで、まねできるようなものではないんだけど。でも肌身離さずお気に入りのパールを身につけるあの風情は、目指したい女性像のひとつとして、深く私の心に刻まれました。イメージとして頭の中にはあっても、実際に銀座のミキモトでこのパールネックレスを身につけてみたときの感覚は、予想以上のものだった。なんでもない、いつもの白いＴシャツのクルーネックのラインに、ちょうど沿うように並んだ真珠。優しくて、清楚で、気品溢《あふ》れる光沢。さりげない小さなアイテムなのに、自分の表情や着こなしの感じ、空気感まですべてが違って見えました。王道のパールのネックレスは、どんなに時代が変わっても女性として大切にし続けたい、普遍のエッセンスを持っている。ひとつ取り入れてみるだけで、きっと自分の可能性が広がるはず。

Price | アコヤ真珠 パールサイズ約7.0mm以上7.5mm未満 長さ約42cm ¥378,000

ロイヤルコペンハーゲンのカップ

18

大きな特集とイベントの仕事を終えた記念に、当時の女性編集長からいただきました。ブルーフルーテッド メガの、取っ手のないティーカップ。人から贈りものをいただくときの楽しみのひとつが、自分では選ばないアイテムとの出会い。このカップもそうで、私はロイヤルコペンハーゲンにこんなにいい意味で素朴さのある品物があることを知らなかった。贈ってくれた方が「菊ちゃんらしいと思って」とひと言添えてくださったのも、なんだか嬉しかった。その人が自分のことを想像して選んでくれたというその想いや時間そのものが、素敵なプレゼントだと思う。白磁にコバルトブルー。ハンドペイントの絵柄の切れ方も大胆。陶磁器のカップって一般的には薄いほうが高級と言われるけれど、これは厚みがあって、お茶やコーヒーをいれると手の中でほっこり温かい。気品、キュートさ、温もり……確かに、私が大好きなエッセンスばかり。

Price | ¥10,500

グレンフェルのトレンチコート

19

カナダ北極圏を犬ぞりで駆け巡って医療使節団を組織した医師であり、英国の英雄でもある、ウィルフレッド・グレンフェル卿の名前をブランド名にしたのは、創業者一族が彼の功績と北極海の冒険の話に感銘を受けたから。寒さや風は防ぐけど湿度は逃がす。丈夫で見た目にも美しいグレンフェルクロスは、グレンフェル卿本人にも絶賛され、以来多くの冒険家や飛行士に愛されてきた。北極や、エベレストや、世界中の空の上で。グレンフェルのトレンチコートには、たくさんの勇気と好奇心、チャレンジ精神が詰まってる。もちろんスタイルとしての完成されたかっこよさもあるけど、このトレンチコートの普遍的な魅力は、人の心を動かすパイオニアたちへの尊敬が込められているから。21世紀の都会を生きる私たちには北極の風に吹かれる機会なんてそうないわけだけど、このブランドの哲学を楽しむ贅沢には恵まれてる。袖を通したときにシュッと鳴る上質の生地や気品あるかっこいいシルエットから、どんな極寒の場所でも持ち主を守ってきたグレンフェルの自信がひしひしと伝わってくる。この特別なトレンチコートに、これからどんな物語を刻んでいこうかな。北極で犬ぞりとはいかなくても、世界でひとつの物語になることは間違いない。

Price | ¥115,500

セルモネータのグローブ

20

カシミアのように軽やかなレザー、と言えば伝わるかな。とてもソフトで、手に取った瞬間に上質感が伝わる、イタリア、ローマのレザーグローブ専門ブランドのひと品。たくさんのカラーとデザインのバリエーションで展開しているブランドです。私が選びたいのはただひたすらシンプルなキャメル。ステッチもない、いちばんベーシックなデザイン。子ヤギの特定のレザーだけを贅沢に使って、創業以来変わらず全工程を手作業で仕上げているという、そのこだわりが、十分にこのグローブの魅力を伝えてくれていると思う。手作りの温度と確かな技。だからかな、シンプルだけど、ストイックじゃない。キャメルのカラーも、手に入った革によって毎シーズン少しずつ色味が違う。同じパターンを使っていても、世界にひとつ。それってちょっと特別な感じがしませんか？　もともと、ヨーロッパ貴族の必需品として始まったグローブ。オーダーメイドの時代の品質と手法をそのまま受け継ぐこのブランドの心意気も素敵だし、何よりはめてみると、随所に職人技が光っていて、なんだか自分の手が本当に大切にされている感じがする。この感じを丸ごと、プレゼントしたい。

Price | ¥12,600

ドレス・ア・ドレスのイニシャルネックレス

21

もうずいぶん前に、雑誌の連載でこのネックレスを紹介しました。たしかあの頃、ドラマ「SEX and the CITY」がすごく流行《はや》っていて、主人公のキャリーが身につけていたネームネックレスが日本でも人気になってました。だけど、いい大人が自分の名前を下げて歩くのも……という日本人らしい感性に、この極小のイニシャルネックレスがフィットしたんじゃないかなんて、知り合いの編集者は分析していたものです。真偽のほどは分からないけど、私は単純に、初めてこのネックレスを見たときなんてキュートなんだろう、と思った。アルファベットの形もキューブっぽくて、横から見ると厚みがある。ちっちゃいサイコロみたい。さりげなさがいいし、何よりその人のイニシャルを選べるっていうところが、贈りものにぴったりだと思いませんか？私は、大きな仕事が終わったとき、お世話になった編集者の女性に、記念に贈ったりしました。仕事もまた出会いだし、あたり前だけどひとりではできない。だからこそ、感謝の気持ちを形に残したいときってあります。重たくなく、遊び心をもって、だけど心からのありがとうを込めて。女性から女性へ。チームメイトに贈るキュートなプレゼントです。

Price | ¥22,050

和光のハンカチーフ

22

銀座四丁目の交差点、ゆるくアーチを描く和光の石造りの時計塔。ほぼ正確に東西南北に向けられたこの時計は、昭和7年の竣工から今でも変わらず、毎時鐘の音を街に響かせている。和光は私にとってまさに銀座の象徴です。お店に入ると、そこここに並ぶ国内外から選りすぐられた品物や、こだわって作られたオリジナル品。自信に裏打ちされた、控えめで丁寧な接客。仕事の合間や休日に銀座を訪れたときふと立ち寄ると、心が正される感じすらする場所です。

オリジナルのレースのハンカチーフも、やっぱり銀座らしい雰囲気を持っている。清楚で気品ある、折目正しいハンカチーフ。ヨーロッパの雰囲気をまといつつも、礼節を重んじる日本の文化に似合う品格。たとえば会食や、フォーマルな結婚式など、マナーの問われるシーンでさっと取り出してひざにかける。それだけで、居住まいが正され、落ち着いてその場にいられるような心地がします。いざという日のため、私はこのハンカチを引き出しのいちばん上に大切にしまっています。

Price | ¥3,675

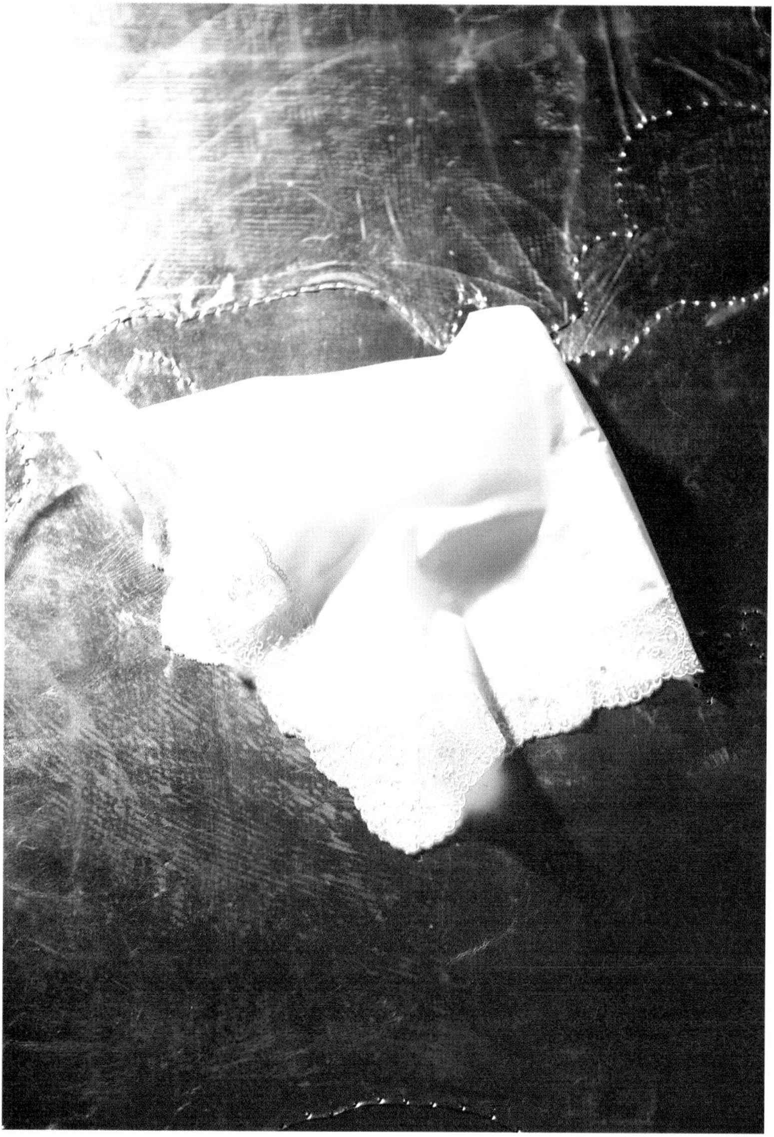

釜定の鉄瓶「秋の実 肌」

23

ずいぶん昔、古い造りだった祖父母の家には囲炉裏があって、天井から吊るした自在かぎに鉄瓶をかけて、それで沸かしたお湯でお茶を淹れていました。鉄瓶で沸かしたお湯はまろやかになるんだよ、と祖母が教えてくれて、子供心に確かに味が違う、なんて感激したのを覚えてる。
釜定は伝統工芸、南部鉄器の工房。だけどデザインを見れば明らかなように、概念にとらわれないモダンな製品を発表していることでも有名です。私が心惹かれたのは、ドングリや栗の形をモチーフにした「秋の実」シリーズの、表面に突起のないデザイン「肌」。現代のリビングやキッチンにもなじむ鉄瓶をと考えられた品物なんだそう。ファッションもそうですが、こだわりを捨てて新しいことに挑戦し続けることは大切。そうじゃないと時代を捉えることはできない。一方で絶対に守らなきゃいけない価値や技術もある。両方があって初めて、深みのある表現が生まれる。それは闇雲や偶然では決してできないこと。意志をもって挑戦することでしか成し遂げられないことだと思います。何百年も人の手を伝わってきた技術が新しいデザインを支えている。それを思うだけで、私にとってこの鉄瓶は感動的です。

Price | ¥27,300

喜風堂のどら焼き

24

以前住んでいた中目黒のマンションの目の前には和菓子屋があって、仕事帰りによく立ち寄りました。ほんのりバターが香る、ホットケーキみたいに軽い口当たりの小ぶりなどら焼きは、その頃からのお気に入り。甘すぎず、あんこが苦手な人にも自信を持っておすすめできる美味しいどら焼き。私が毎日のように顔を出すものだから、いつの間にか店主のおばちゃんとはすっかり顔見知りになって、街ですれ違えば「あら元気？」と声をかけてくれたり、世間話をしたり。いい意味で都会らしくない、人情味溢れる交流が始まりました。あるとき雑誌で結婚式のおすすめの引き出物としてどら焼きを紹介したいと言ったら、張り切って金粉でハートを描いたどら焼きを特別に作ってくれて。これが実際とってもかわいく仕上がって、どら焼きは大ヒット。その後、私は別の街に引っ越してしまったので、前ほどしょっちゅうはこのどら焼きを食べられなくなってしまいました。

今でも中目黒に行くと自転車の後ろに商品を積んで忙しそうにしているおばちゃんに出くわすこともある。駅前に移転した和菓子屋は、ずいぶん立派な構えになったけど、遠くからでも私を見つけると手を振ってくれて「あら久しぶり！　おかげさまですっかり繁盛してるのよ！」なんて声をかけてくれる、おばちゃんの気さくなキャラクターは変わってない。

Price｜¥168

どら焼
どら焼

ドゥロワーのグレーパーカ

25

ファストファッションのブランドやカジュアルウェアの専門ブランドからもたくさん出ているグレーパーカを、プレゼントとしてひとつ選ぶなら、と聞かれたら、私は迷いなくこのドゥロワーを選びます。パーカなのに2万円を超えるプライス設定はずいぶん大胆に思えるけど、着てみればその値段にも納得してしまう。まず、裏起毛の肉厚の生地が上質で、太くとられた裾のリブが高めの位置でウエストマークもしてくれる。そしてなんといってもフードのボリュームがかわいすぎる。女性のここ！　というポイントが全部押さえてある。トレンドにかかわらず、名品パーカの原点として、定番として、今後もずっと愛されていくアイテムであることは間違いありません。

Price | ¥22,050

カルティエのタンクフランセーズ

26

1917年、創業者の孫にあたるルイ・カルティエが戦車のフォルムからインスピレーションを得て構想した、カルティエのタンクシリーズ。1997年になってこの歴史あるシリーズのラインナップに加えられたのが、真四角のフェイスに、キャタピラを模したブレスレット、最高峰の腕時計と言われるタンクフランセーズです。戦車という一見無骨なものから、ここまで優美なデザインを引き出すことのできる、宝飾ブランドとしての技の深さ。パリの文化を刻み込んだ、美しくも強く、誇り高さすら感じさせてくれる佇まい。凜《りん》としたかっこよさを感じるからこそ、私はこの時計をとても気に入っています。きっとカルティエにとって、エレガンスとは華奢さではなく、強さとイコールなんだと思う。身につけると、洗練されたデザインながら流行を超えたムードを持つこの時計は、私の芯を強くしてくれる。カジュアルなスタイルでも、シーズンごとに変わるトレンドの中にいても、ブレない最高の自分をイメージさせてくれる。

Price | ¥357,000

アリミノのハードナー&スパリチュアルのオイル

27

私はネイルはナチュラル派。ときどきネイルサロンに行って、ハンド&ネイルケアはしてもらいますが、カラーはあんまりしません。なんとなーく、自分のスタイルには合わない気がして。その代わり、サロンでオススメしてもらったアイテムで、自己流ケアはよくしてます。ロケバスの中や、コーディネートルームでのちょっとした待ち時間に、このペンタイプのネイルオイルと、爪を丈夫にしてくれるハードナーを塗り塗り……。ネイルアーティストも使っているという「アリミノ」のハードナーを塗って爪をツヤツヤに仕上げます。その後ちょっと乾燥したと思ったら、月見草エキスやアロエエキスの入った「スパリチュアル」の保湿オイルだけちょんちょんと適宜付け足す。毎日大量の洋服や紙袋、ビニールなんかを触るので、そうしないとすぐに爪や指先が荒れちゃう。もう癖のように使っているので減りが早くて、両方とも5、6本はリピートしてる。気楽な自分ケアですが、こうやって仕上げると見た目に艶も出る。ナチュラルでキレイっていうのが、私の理想の手元です。

Price | 各 ¥1,890

SPARITUAL®
CUTI-COCKTAIL® PEN & PUSHER
STYLO ET REPOUSSOIR CUTI-COCKTAIL®
HENRIV

リベコのリネンシーツ

28

夏の贅沢な楽しみのひとつと言えば、洗い立てのサラサラのリネンシーツに横になること。きれいにプレスされたシーツも気持ちいいし、あえて洗いざらしのままも、リネンの肌触りを堪能できて好き。ころんと横になると、一日の出来事が気持ちよくリセットされて、朝の目覚めまで爽やかになるような、そんな感じすらある。

リベコはベルギー、フランダース地方の伝統あるリネンブランド。リネンの布《ふ》帛《はく》はこの地域に何百年も続く伝統的な産業で、中でもリベコは1800年代から現代まで続く織物会社。世界中の名だたるラグジュアリーホテルのベッドリネンや有名なレストランのテーブルクロスにも採用されている。そんなブランドストーリーはもちろん、触れてみればその上質感は明白。だから、私はこのシーツを親しい人への引っ越しのお祝いや、新婚の友人へのプレゼントによく選ぶ。ハレの日の贈りものに似合う真《ま》っ新《さら》なシーツ。新しい門出の祝福としてリネンの白はとても爽やかだし、ベッドシーツだから毎晩眠るときにスタートラインに立っていたときの新鮮な気持ちを思い出せそうでしょ。いい寝具はそうやって、いつも私たちを蘇《よみがえ》らせてくれる気がする。よく眠れると幸せだし、いい夢を見たらその朝はわくわくする。リベコのリネンシーツは、言わばそんな素敵な眠りのためのお守りです。

Price｜フィッテッドシーツ¥15,750

LIBECO
HOME

パシマルズの動物おしゃぶり

29

アメリカ生まれのぬいぐるみ付きおしゃぶり、またはおしゃぶり付きぬいぐるみ、パシマルズ。赤ちゃんの誕生祝いにぴったりのかわいい動物たち。写真以外にも、シマウマやカエル、ひつじ、きりん、いぬなど、たくさんの種類が出ているので、段ボールいっぱいにいろんなぬいぐるみを詰め合わせてプレゼントしても楽しいかも。おしゃぶりの動物園(笑)。見た目がこれだけキュートだからおもちゃ的な製品なのかと思いきや、開発者は幼い娘を持つ女性医学博士。大好きなおしゃぶりをすぐ落としてしまう自分の幼い娘のため、飽きずに長くくわえていられるようにぬいぐるみを取り付けてみたのが開発のきっかけだそう。お母さんの愛情から生まれた製品というのも温かい。おしゃぶり部分は取り外せるようになっているので、簡単に洗えます。 赤ちゃんが持ちやすいようにという計算なのか、単にアメリカ生まれだからなのか、ぬいぐるみがみんな脚長なのもちょっとチャーミング。

Price | ¥2,415

pacimals
the huggable pacifier

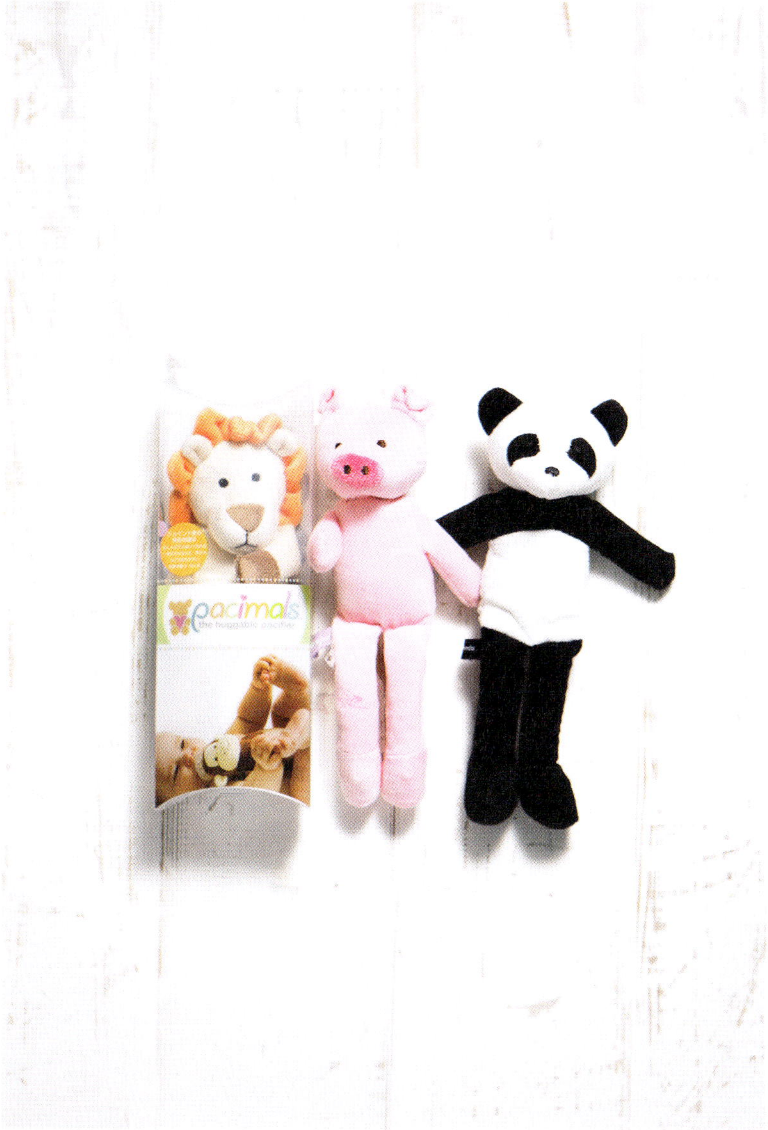

カシウエアのブランケット

30

もう、本当に大好きです。この夢見心地にふかふかのブランケット。「カシウエア」というのはブランド名であり、ぎゅーっと抱きしめてほおずりして何時間でもそのままでいたいと思うほどふんわりふかふかの、素材の名前でもある。カシミアのように柔らかい手触り、という意味が込められたネーミング。カシウエアは実は100以上もの素材をテストして独自開発された、マイクロファイバーの新素材。そんなこと言われてもマイクロファイバーってなんなのか私にはよく分からないのですが、でもこの便利すぎるほど便利で、上質すぎるほど上質なブランケットからは、「快適さ」に対する開発者の並々ならぬ思い入れが伝わってくる。汗や水分はすぐ吸収する。その上すぐ乾く。さらに洗濯機で丸洗いしても触れる手をふんわり押し返してくる、ソフトな弾力感はそのまま。さすがはリッチ&コンフォートを追求するアメリカ西海岸生まれ。「カシミアのブランケットが洗えたらいいのに！」そんなことを言ったLAセレブがいたかどうかは知りませんが、贅沢ライフを楽しむ現代人のわがままを全部叶えてくれたようなこのブランケット、夏の夜に1枚かけて眠ると、いやもう、本当に幸せです。

Price｜ハーフブランケット¥15,750

G・T・Aのカーゴパンツ

31

フォーマルパンツを手がけ、そのシルエットの美しさで人気のG・T・Aは、ファッション好きの男性にはよく知られている。1999年にオリジナル製品を初展開して以来、おしゃれにうるさい男性をうならせてきたG・T・A。中でもいちばんのヒットが程よく細身の「713」モデル。そしてそのロングセラーモデルの美しいラインを引き継いで2010年に発表されたのが「872 Cargo」です。仕事にも似合うカーゴ、と当初はかなり評判になりました。話題性バツグン。カジュアル感ときちんと感のバランスもいい。男性に贈るパンツとしてはベストと呼べる一本。たとえば打ち合せなど、スーツってほどでもないけど少しきちんとしたいとき。いつものデニムをこのカーゴに替えてもらえば、違和感なく自分らしいスタイルを演出できる。言うなればスニーカーから革靴にはき替えるような感覚。スマートに上質感を足せます。いつものワードローブに合わせて着こなせるこのカーゴは、ライフスタイルを知っている相手だからこそのプレゼント。近しい人への贈りものだからこそ、相手の仕事や休日を想像して選ぶのも楽しい時間です。きっと。

Price | ¥24,990

L.L. Beanのトート

32

トートバッグの始まりは、野外で水や氷を運搬するための厚手のキャンバス地バッグ。2012年に創業100周年を迎えた、アメリカを代表するアウトドアブランドL.L. Beanが開発したバッグがその元祖。生地や、取っ手の通し方など、シンプルで頑丈なその造りは誕生したころから今でもほとんど変わっていません。今やファッション界にとって欠かせないトートバッグだけど、すべてのはじまりはこのL.L. Bean。それが今でも現役で売れ続けているということに、私はわくわくしてしまいます。私自身、20代のころから愛用していて今も色違いを使っています。本当に頑丈だから重たい資料も気にせず入れられるし、今はもっぱらL.L. Beanのトートとちょっと小ぶりなレザーバッグを2個持ちするのが私の定番。自分で使うのはもちろん、先日は友人の誕生日に彼女のイニシャルを入れてプレゼントしました。年齢や性別を問わず、ファッションの好みを問わず、多くの人に似合って長く愛されているトートバッグです。

Price | ¥4,900

L.L.Bean
BOAT AND TOTE

ボッテガ・ヴェネタの「EBANO」ウォレット

33

ボッテガ・ヴェネタのショーは、ミラノコレクションで私が最も楽しみにするショーのひとつ。スケジュールはいつも中日の朝イチ。会場入りするとそこはすでに、ボッテガ・ヴェネタの世界。ウェイティングの音楽、ざわめく人々、ランウェイの静かな照明や抑えたデコレーション。自分のシートに座る。照明が落ちる。音楽が変わる。そして、いよいよ最初のモデルがランウェイに姿を現す。ショーが始まると、いつもその世界観にため息が漏れてしまう。ムードを引き立てる音楽、職人の技とデザインの融合、そして女性が女性であることの喜びを体現するような、気品ある優美な女性像。

ボッテガ・ヴェネタのデザイナーの目は、たとえば艶のある黒檀《こくたん》のテーブルに優雅でミステリアスなエレガンスを見ているんじゃないかと思う。柔らかい一枚革に切り込みをいれ、レザーリボンを編み込んで作られる象徴的なクラフトデザイン「イントレチャート」。整然と並んだチェスボードの目のように精密でノーブルなレザーワークは、熟練の職人のみが創り出すことができる。そこには一枚革とは違う、人の手が織りなすものだからこその美の哲学がある。「EBANO」つまり黒檀と名付けられたディープブラウン。このお財布にブランドロゴは付けられていない。多分、必要ないからだと思う。職人技の中に無限の美を見出すイントレチャートこそが、ボッテガ・ヴェネタそのものだから。そっと手でなでるだけでも、その世界の中へ招かれる気がします。

Price | ¥85,050(上) ¥92,400(下)

ペルソールのサングラス

34

真夏の暑い日でした。仕事の合間に通りかかった青山のアイウェアショップでこのサングラスに出会いました。その日はたしか、麻のシャツに台形のミニスカ、足元は定番バレエシューズでバッグはかご。サングラスを試着してみたら、壁一面の大きな鏡に映った私の姿がガラッと変わっていた。キュートなスタイルにペルソールのワークっぽいエッセンス。そのアンバランスがすごく新鮮で。常々キュートさこそかっこよく仕上げたいと思っている私には、もうどまん中でした。

ペルソールはイタリア語で「太陽のために」という意味。もとはイタリア空軍やレーサーのためのゴーグルを製作していた老舗《しにせ》。1930年代にUVカットの強化ガラスをサングラスに採用し、バネのようにしなって持ち主の顔にフィットするアームを開発したブランドです。本物のミリタリーから始まって実用本意に開発された、歴史あるサングラス。だからファッション性はあってもあくまでムードはソリッド。服で言えばカーゴパンツのような、このかっこよさをなにげなく毎日身につける感じ、硬派でいい。

Price | ¥30,450

Persol

1920年のカフェティエラ ナポレターナ

35

下の容器にたっぷり水を入れて、上の容器にはぎゅうぎゅうに挽《ひ》いたコーヒー豆を詰める。コンロの直火にセットして、弱火でコトコト。数分で香ばしい、いい香りが立ってくる。ミラノの朝はコーヒーで始まる。定宿にしてるプチホテルに泊まっているときも、朝起きるとまずいちばんに2階のカフェからいい香りがしてくる。友人のカメラマンの家に遊びに行ったときも、食後には必ず母親であるマリアが美味しいコーヒーを淹れてくれる。この匂いをかぐと、ああ〜ミラノに来てる！　と実感します。
マリアはフレンドリーで面倒見がいい、陽気なミラノマダム。60歳は超えているはずだけど、私よりよく食べ、ワインもたっぷり飲み、おしゃれにうるさい。このマシーンは、私がコーヒー好きと知ったマリアがプレゼントしてくれたものです。「散歩してたら偶然見つけたの。京子にあげるわ」と軽い調子で。イタリアでコーヒーマシーンといえば、今はＭＯＫＡが主流で、この丸いタイプは百年前に使われていたもの。本当に偶然見つけたのか、実は探してくれたのかは分かりませんが、ちょっとした会話の中で欲しいと言ったのを覚えていてくれて、それを素直に贈ってくれる、マリアの温かい距離感がすごく嬉しかった。思い出のコーヒーマシーンです。

小峰英利さんの白い器

36

小峰さんの作品に最初に出会ったのは、バースデーに友人からエスプレッソカップとソーサーを頂いたのがきっかけ。作家の人柄がにじみ出るような、温度を感じる白いカップ。それからいくつか作品を購入したけど、シンプルな仕上がりの向こう側に、たくさんのこだわりと手間ひまと愛情が感じられる作品に親しみを覚えて、工房を訪ねました。

小峰さんに白の作品がすごく好きですと伝えたら、ざらりともしない、ツルッともしない、ロウソクの肌のような質の白をイメージしたんだと言う。硬い陶器なのに、触れると柔らかさを感じる質感、それが見た目からも伝わる白は、そう言われるとなるほど確かに、ロウソク。とてもシンプルな作品だけど、よく見るとひとつひとつ手作りならではの不揃いさがあって、人間味を感じる。追求しているのは分かりやすい新しさじゃない。微差だったり、さりげないバランス。でも、もう変えようがなく見えるシンプルさの中にも個性は出るし、そこで生まれる新しい魅力も絶対にある。小峰さんはそのことを心から信じているし、斬新さに逃げず、楽をせず、自分の表現を追いかけている。その物作りの姿勢にとても勇気づけられました。彼の作品が目指していることは、私がスタイリングでいつも目指していることでもあります。〝シンプルだからこそ〟。その原点を思い出させてくれるような、素敵な出会いになりました。

Price | ¥2,700（大） ¥2,400（小）

リーバイス® ビンテージ クロージングの501XXZ

37

今はウォッシュやダメージ加工の技術が発達して、かっこいいユーズド感のデニムはどこでも手に入るけど、ちょっと昔はデニムといえば自分で育てていくアイテムだった。自分の脚の形ぴったりに生地が縮むように、生のデニムをはいたままお風呂に入ったり、軽石でこすってみたり。もちろん洗濯機で他の洋服と一緒に洗うなんてもってのほか。手間がかかるけど、デニムはそれだけ奥深いアイテムだった。
1954年モデルの復刻版のリーバイス® ビンテージ クロージング 501XXZ。Zは Zipper の Z で、それまでボタンフライ式だったフロント部分に、初めて実用的なジッパーを導入したモデル。シルエットは、少し細めのテーパード。スキニーとは違うので、はくと太く感じるかもしれないけど、このシルエットには流行り廃りがない。10年たっても20年たっても古くならない普遍的シルエットです。オールドデニムの楽しみ方は、普通の洋服とはちょっと違います。たとえばデニムのサイズも、洗っていくと最終的に2〜3サイズ縮む。レングスも5センチは縮む。そういうアイテムだから、お店でパッと試着してパッと買うというわけにはいかない。自分の体に合わせて育てていくことを見越して、店員さんと相談しながら丁寧に選びます。はいていくうちに少しずつ色が落ちて、風合いが変わっていく。その変化こそ、デニムの本来の楽しみ。作られたユーズド感では決して味わえない面白さです。

Price | ¥29,925

ディオール オムのタキシードジャケット

38

欧米、特にヨーロッパにはドレスアップの文化がある。昼間の服装と夜の服装は違うし、行くレストランのムードやクラスによってもファッションが変わってくる。ヨーロッパ在住の友達は「京子さんは観光客だから、カジュアルでいいのよ」なんて言うけど、周りがドレスアップしている場でひとりだけカジュアルでいるのは本当に居心地が悪い。同時に、食事ひとつとっても店の雰囲気に合わせて装いを変え、その時間を最大限に素敵なものにしようとする姿勢は、なんだかとても楽しそう。ドレスアップをただルールやしきたりだと考えてしまうと面倒だけど、とにかくドラマチックに人生を楽しむことが大好きな、ヨーロッパの紳士淑女たち一流の遊びだと思うとわくわくしてくる。

このジャケットは2012年にサンローランのクリエイティブディレクターとしてデザイナー復帰を果たしたエディ・スリマンが、まだディオール オムを手がけていた時代の品物。シルクのくるみボタンがフォーマルで美しい。これを手に入れてから、すっかりドレスアップのシーンが待ち遠しくなりました。あのワンピースを合わせてみようかな。ショートパンツもいいかも……非日常もまた、ファッションの醍醐味《だいごみ》。

ティファニーの8連パール

39

ティファニーほどキラキラしたブランドはない。5番街のブティックの前でオードリー扮するホリー・ゴライトリーがクロワッサンをかじる。「ティファニーで朝食を」の、有名な冒頭のシーン。カポーティの原作にはないあの映画のオリジナルシーンには、主人公ホリーの、そして時間も場所も飛び越えたたくさんの女性たちの憧れが込められてる。なぜなら、ティファニーは夢の街ニューヨークそのもの。生まれて初めて素敵なレストランに連れていってもらったときや、エナメルのバレエシューズをはかせてもらったときのように私たちを小さな女の子に戻してしまう、夢のブティックだから。
こぼれ落ちそうな8連の淡水パールが瑞々《みずみず》しい「トルセード」は、「撚《よ》った」を意味する名前の通り、撚ってボリューム感を楽しむ華やかな41センチのネックレス。ひとつ付けるだけでドレスアップシーンが楽しくなる存在感。アンティークのような気品。そしてなんといってもブラックドレスにパールを合わせた、あのホリーのスタイルを彷彿《ほうふつ》とさせるムードにわくわくする。そうそう、この間友人の結婚式に招かれたときには、ネックレスを主役に私的ホリースタイルに挑戦しました。大好きなカポーティとオードリーへのオマージュを込めて。黒のロングドレスの代わりにアメリカンスリーブのトップスと、私らしくボトムはカプリパンツにして。気品に満ちたジュエリーにこんなにもキュートさを感じるのは、たぶんティファニーだから。

Price | ¥197,400

サンタ・マリア・ノヴェッラのローズウォーター

40

世界最古の薬局が、1381年のレシピで作り続けている天然のローズウォーター。そう聞くだけで、この薔薇水が普通の化粧品やフレグランス商品とはまったく違う背景から生まれたことが分かると思う。サンタ・マリア・ノヴェッラの始まりは1221年。フィレンツェの教会の修道僧たちが、自家栽培した薬草やハーブで薬を作り、人々を癒したことが起源。このローズウォーターも当時流行したペストを防ぐための消毒液として、ワインをこの薔薇水で割って飲み薬として、人々に提供されていたんだそう。ハーブや薬草、花の香りは、まさに人々を癒すいちばんの薬だった。そんな歴史を知ると、この由緒正しい紋章付きのラベルがとても誇らしげに見えてきます。

現代を生きる私は、ちょっと贅沢だけど、この薔薇水をボディローション代わりにしたり、ルームスプレーにしたり、リネンウォーターとしてシーツをアイロンがけするときにスプレーしたり。使うたびに思わず目を閉じて深呼吸したくなるような、清らかで芳《かんば》しい薔薇の香りがします。自然療法やアロマの効果が見直されている今だからこそ、800年の歴史を誇るサンタ・マリア・ノヴェッラの製品は貴重。いい香りと癒しの関係は、奥深いなあ。

Price | ¥3,675

PROFUMO
CASA FONDATA
NEL 1612
MARIA NOVELLA IN
ACQUA DI
ROSE WATER 250 mL

ルナ クリスティのショーツ

41

カラフルで楽ちんなこのショーツを見ると、なぜか女性は笑顔になる。忘年会で仕事仲間の女性たちに贈ったり、仲良しの女友達グループにプレゼントしたり。たくさんあるハッピーカラーの中から一人一人のイメージに合う色をセレクトして渡すと、決まってみんな色の話で盛り上がる。王道的に人気なのは、恋愛運に効きそうだからか、やっぱりピンクだけど。そんな風にガールズトークまで盛り上げてくれる、ルナ クリスティのボクサーショーツ。実はカラフルなだけじゃなくて素晴らしいはき心地です。ゴムを使っていない下着は、はいてみるとどこにも締め付けがない、パーフェクトなストレスフリー。吸水性、速乾性に優れているので、たとえばヨガやジョギングなどのスポーツシーンにもぴったり。この絶妙なフィット感と、縫い目やはき口も一切感じない肌当たりのなめらかさは、実は国内でも数少ない熟練職人の手によるマニファクチャーのなせる業なんだそう。なるほど、はいてるのにはいてないようなこの軽やかさは、研究と技術の結晶なんだ。かわいい顔して、あなどれない。

Price | ¥2,520

TOUCHのお風呂酒

42

一升瓶の形をそのままミニにしたような、リカちゃん人形サイズのお風呂酒です。お風呂にお盆を浮かべておちょこで飲む日本酒……ではなくて（笑）、入浴剤代わりにお風呂に入れるお酒です。日本酒風呂、体が芯からあったまっていいですよ。私はたまに、コンビニで買ったワンカップのお酒をそのまま1本分入れちゃったりもします。さすがにワンカップをギフトとして紹介するわけにはいかないので（笑）、これを。六本木のタオル専門店TOUCHでバスグッズとして売られているのを発見しました。ルックスもかわいいので、これなら人にあげられる。飲んべえの友達にシャレであげるのも面白い。私は日中歩き回ることが多いので、必ず毎日シャワーではなく湯船に入るようにしています。じっくりあったまって脳がリラックスするせいなのか、アルコール分を微妙に毛穴から吸収して酔っているのか、なぜかお風呂タイムにいいアイディアが思い浮かぶことが多い。いいことなんだけど、ピンときた瞬間から、いてもたってもいられなくなってしまうのは、どうしようもない。そんなわけで、一緒に仕事をしている編集者や事務所のスタッフは、夜遅い変な時間に私からの電話で思いついたばかりのアイディアを聞かされる目にあうわけです。みんな、いつもありがとう。

Price | ¥1,260

Kinshika
お風呂酒
プレミアム

シゲタのエッセンシャルオイル「リバーオブライフ」

43

海外に行くのは大好きですが、飛行機は苦手。歯医者のあの椅子でじっとしてるのだって苦痛なのに、ミラノまでの12時間ものフライトは、もう長くて長くて。最近見つけた、今のところのベストな過ごし方は、搭乗し、何か飲んだり食べたりしたら、このアロマオイルをこめかみに塗って、首筋に塗って、塗れたらくるぶしや膝裏にも塗って、かっと寝る。「リバーオブライフ」という名前の付けられた天然ブレンドエッセンシャルオイルは、爽やかなハーブ系の香り。リンパの流れをよくするみたいで、これを使うと気持ちよーくリラックスして私は眠たくなります。眠って眠って、起きたらイタリア。シゲタは食事療法やハーブ療法を提案している日本女性がフランスで立ち上げたブランド。日本人のブランドなのに、デビューしたフランスが本国で、インポート価格なのがちょっと痛いですが……。でもやっぱりいいものはいい。根をつめて働いていて、息抜きがうまくできないときや、肩こりがどうしようもないとき、魔法の薬のようにこのオイルに頼ります。

Price | ¥6,300

SHIGETA
River of Life
Circulation
Aux huiles essentielles biologiques
With organic essential oils

ジュリークのエッセンシャルオイル「クラリティ」

44

日曜日に部屋を掃除して、洗濯もして、部屋がすっかりきれいになったところで、このオイルを焚く。アロマポットからふわっと香りが広がる、その瞬間がすごくお気に入り。それから柑橘系の爽やかな香りに包まれた部屋で、好きな音楽をかけてコーヒーを淹れる。ああ、いい休日を過ごしてるなあ、と、心も体もリラックスする、大切な時間です。

ジュリークのエッセンシャルオイルブレンド、「クラリティ」は、オレンジやレモンといったシトラスのアロマに、癒し効果の高いラベンダー、アールグレイの香りでも有名なベルガモット、森林浴のように爽やかなパインのアロマをミックスした、とても明るい香り。オーストラリアの雄大な農園で育った植物のエッセンスがぎゅっとボトルの中に濃縮されているようで、蓋を開けると香りと共にその空気感が広がります。気分はすっかり自然の中。芝生にねっころがって太陽を浴びているようにリフレッシュする。忙しい毎日を送っているときほど、リセットしてゆるめる時間は大切だと痛感します。休日は休日のモードで、心ゆくまでリラックスを堪能するために、この香りは欠かせない。

Price | ¥3,675

Jurlique
Clarity
Blend
Essential Oil
Orange, Lemon,
Bergamot, Pine,
Lavender
℮ 10mL 0.33fl.oz.

ルトロワのカーディガン「アンリ」

45

出会いは当時の彼が着ていたカーディガンを借りたこと。女性が着ても程よくフィットして、着心地がいい。リブが太く、光沢のある大きめの貝ボタンが広いピッチで並ぶデザインはどこかレトロで、一気にこのブランドのファンになりました。

「アンリ」という名前のこの定番カーディガンは、男性が着るとどこかキュート、女性が着るとシンプルで品よく見える、ちょっと不思議な存在。クラシックなメンズブランドとも、甘さのあるレディースブランドとも違う中性的な雰囲気。甘くないのにかわいい。スポーティじゃないのにスポーティ。ユニセックスのフレンチブランドであるルトロワには、そんな矛盾するユニークな魅力が光ってる。ニットそのもののつくりもとても上質。こだわりの丸胴編み機で仕上げた生地は、筒状に編み上げられているからボディのサイドに縫い目がなくて、体に合わせて自由自在に伸びる。メンズのスーツの下にはちょっとしたリラックス感を。女性がミニスカやショートパンツの上に合わせれば、甘くないフラットさを。「アンリ」の絶妙な着心地とテイスト。一度着たら男性も女性も、きっと好きになるはず。

Price | ウール(左) コットン(右) 各 ¥19,950

ニクソンのウォッチ「タイムテラー」

46

ブラック、ホワイトの他にもピンクやカーキ、ネイビー、レッドなど十数色ものカラーバリエーションで展開しているこの「タイムテラー」シリーズは、フェイスや針の色までシンプルに考えられてるのがいい。たとえばブラックの時計は、ブラックのベルト、ブラックのフェイス、ブラックの針なんだけど、それぞれの質感と濃度の微妙な差だけですべてのパーツのシルエットを浮き立たせてる。ホワイトも、ベルトとフェイスの質感の違いだけが唯一のさりげない主張。
私は特に夏になると、微差のみのワントーンが潔い、このニクソンのウォッチをつける頻度が上がります。白Tに合わせて白のウォッチを一粒ダイヤのブレスレットと重ねづけしたり、オールブラックのサマースタイルに時計もブラックを合わせたり。今日はホワイト、今日はブラック、と洋服みたいにその日の着こなしに合わせて気軽につけ替えます。値段も手頃だし、次はネイビーを買い足そうかな。ワードローブのひとつのようにコーディネートして楽しめる「ライフスタイルウォッチ」です。

Price | ¥8,925

NIXON

中川政七商店の花ふきん

47

奈良県名産の蚊《か》帳《や》生地は、その名の通りかつて日本の夏の風物詩だった蚊帳に用いられた織物。地元の伝統織物を現代に蘇らせようと、シンプルで美しいふきんとして新たにデザインされたのが、中川政七商店の花ふきんです。全部で7色あるふきんは、それぞれ白百合、菜の花、あじさい……と、日本らしい草花の名前が付いています。写真で紹介しているのは、「麻」。他の6色は綿素材ですが、私は奈良の名産として鎌倉時代にはすでに名を馳せていたという、麻素材を選びました。上質の麻布は丈夫で、よく水を吸い、広げて干すとさらさら風を通してすぐ乾くので、昔から台所仕事によく使われてきました。私も、知り合いから頂いたこのふきんを自宅で使っています。洗った食器を花ふきんで拭うと、本当にすっと水滴を吸ってくれて、その使い心地にまず感動。最初はのりが効いてパリッとしていた生地が、使い込むごとに柔らかくなって、だんだん麻らしいしわが入ってくる。拭いて、洗って、干して。台所で麻布の雰囲気が日々少しずつ変わっていくのを眺めるのも、小さな楽しみです。

Price | ¥735

花ふきん

クルチアーニのレースブレスレット

48

イタリア、ペルージャで創業したクルチアーニは、糸を紡ぐところから最後の縫製まで、すべてを自社で行う完璧なメイドインイタリーのニットメーカー。伝統の織物技術を現代的なデザインとテクニックで仕上げるのが身上。ハイクオリティな高級ニットで有名なクルチアーニがこのキュートなブレスレットを発表したのは2011年8月のこと。ヨーロッパ伝統のマクラメレースを現代的にアレンジしたデザイン。リーズナブルだし、水着にも使われるポリエステル素材のレースは丈夫で、水に濡れても大丈夫。さらに、シックからビビッドまで豊富に出揃ったカラーバリエーションで、選ぶ楽しみもある。 今ではハートや鍵、バタフライや、季節に合わせたモチーフも発表されてるけど、私はこの四葉のクローバーが好き。自分では黒を持っていて、よくゴールドのブレスレットと重ねづけしています。 7つの四葉が連なるレースブレスレットは、 7つの願いを唱えながら腕に巻くと、願いを叶えてくれるんだって。ひとつじゃなくて7つも叶うっていうところがなかなか気前がいい。仕事のこと、恋愛のこと、欲しいもの、何かちょっとしたこと。願いごとを思い浮かべると、それだけで気分が上がってくるから不思議。叶っても叶わなくても、自分の夢をなにげなく腕に巻いて出かける。それってなんかいい。

Price | ¥1,050

栄むらのおだんご

49

雑誌や広告の仕事で、テーマに沿ったコーディネートを組むのが私たちスタイリストの仕事なわけですが、実はこの仕事の時間の大半は東京中にちらばるいろんなファッションブランドのプレスルームを巡って、イメージする洋服や小物を集めることに費やされています。渋谷、表参道、恵比寿、麻布、六本木、銀座……分刻みのスケジュールでブランドにアポイントを入れ、集中してアイテムをチェックしては、これはと思った品物に貸し出しの予約を入れる。さっきのブランドで見たジャケットに合わせたら素敵そう。でも色のトーンが少し違うような気もする。今回のモデルの子の雰囲気には似合うかな。ヘアスタイルに気をつければいけるかも……。記憶とイメージで頭の中もフル回転しているので、半日もプレスルーム巡りを続けているとあっという間にお腹が空く（笑）。次のアポが迫っていてランチを食べる時間はない。でも何かお腹に入れないと死んじゃう！　そんなとき、もしいる場所が六本木だったら、私はこのおだんごを買いに走ります。小ぶりで、甘さも程よい串だんご。みたらしと上品なあんこののった草だんごが絶妙に美味しくて、疲れた脳にぎゅわーっと糖分が行き届く。午後ももうちょっとがんばれる気がする。

Price | 各 ¥130

紫野和久傳のお菓子

50

東京丸の内、近代的なビルの中に高級宝飾店やファッションブランドが立ち並ぶこのエリアに、ぽつんとそこだけ純和風、数寄屋造りの店舗がある。紫野和久傳、東京丸の内店。京都府丹後地方で明治初期に創業された料亭和久傳の、おもたせ専門店が「紫野和久傳」だ。のれんをくぐると、和服を着た上品な、この店舗の女将《おかみ》とおぼしき女性が出迎えてくれる。商品棚には有名なれんこん菓子西湖をはじめとした生菓子や干菓子、香物、佃煮、それに青竹入りのお酒など、慶弔どちらにも選べる、どこに出しても恥ずかしくない上等のおもたせが揃う。中でも私が好きなのは、小粒の黒豆をいってざらめをからませた艶ほくろと、和三盆をからめたくるみ。どちらも上品なだけじゃなく、素材の素朴な香ばしさが味わい深いお菓子。非の打ち所がないおもたせなんだけど、温かみがある。お菓子の味だけじゃない。お買いものに行くと丁寧に接客してくれて、それも通り一遍の商品説明なんかではなく、たとえば名刺を出して領収書をお願いすると、ひと言、丁寧な言葉で私の仕事をねぎらってくれたりする。本当の上品さというのは、温かいものなんだということを、教えてくれるお店です。

Price | ¥2,625

くるみ
黒豆菓子
艶ほろ

Komaのストール

51

私が１枚持っているKomaのストールは、インクブルーみたいな色合いが印象的な青のストール。「瑠璃色」と呼ばれる海のように深い青。私はこの青から夏の空気を感じる。白いＴシャツにきかせると目に鮮やか。クーラーが効きすぎたカフェや電車や飛行機で、肩からふわりと巻いて体を包むと、肌触りは柔らかで温かい。私にとって夏の外出の定番アイテムです。

Komaは、女性オーナーが日本のものづくりの美しさを広く一般に伝え、守っていきたいという思いで立ち上げたストール専門ブランド。糸から作って、ひとつひとつ職人の手で織り上げ、日本の古代色で染め上げられたストールは、雲のように繊細で軽い。薄紅、亜麻色、山吹、鉄紺、銀鼠……風土から出た四季折々の色彩を見ていると、この日本という国にある美しい景色を思わずにはいられません。一面の桜や、菜の花畑の黄色、富士山の白い峰や、湖の神秘的な青緑を。Komaでは購入したストールは、すべて桐の箱に入れてくれる。美しい景色を切り取って、大切な人を思い浮かべながら桐箱に閉じ込める。閉じ込められた色彩は、受け取った人が箱を開けたときに、また解放される。たくさんの鮮やかなイメージと、自然の香りや風合いと共に。

Price | ¥71,400

キドゥのプチピアス

52

フランスでは年を重ねていくことがとてもポジティブに捉えられている。たとえば20代より30代、40代より60代のマダムが、とても品のいいハイセンスなおしゃれを楽しんでいたりする姿を、パリでは普通に見かけます。白髪のおばあさまが、本当におしゃれ。だからこの街のブティックには、余裕がないと着こなせないエレガントなお洋服や、年を重ねたからこそさりげなくつけこなせる素敵なジュエリーがたくさん並んでる。パリにはいくつになっても「将来したいファッション」がある。

キドゥはキッズ用ピアスを扱うブランド。ラベンダーの小箱に入ったダイヤのピアスは、パリに住む女の子にとって、きっとおしゃれの最初の一歩。小さなハートに、素敵な大人の女性への憧れが詰まってる。そして、昔少女だったすべての女性にとっても、憧れはいつでもおしゃれをする情熱のもと。だからかな。このさりげないプチサイズ感が、大人の耳についたとき絶妙にかわいい。

Price | ¥59,850

プラダのグレーのニット

53

ミラノのモンテナポレオーネ通りは、パリのシャンゼリゼ、ニューヨークの5番街、東京で言えば銀座並木通り。高級ブランドショップが並ぶファッションストリートにあるプラダでこのニットを買ったのは、もう15年以上前だと思う。なにげなく立ち寄ったそのプラダで、グレーのVニットとチャコールのウールパンツ、そして足元にコンバースを合わせたコーディネートの店員さんを見かけて、目を奪われてしまいました。グレーの着こなしは、今では私の大好きなスタイルのひとつ。ルーツになったのは多分このときの彼女だと思う。首元には一粒ダイヤのネックレスをして、上品なのにカジュアル、女らしいのにスポーティでもあり、グレーってこんなに素敵に着られるんだ、と驚きました。当時たしか9万円くらいしたと思うけど、本当に上質なもののよさを体感したいという思いもあって、買って帰りました。あれからずいぶんたつけれど、今でもときどき着ています。カーゴに合わせたり、デニムに合わせたり、ウールのパンツに合わせたり。時代によって着こなしは変わったけど、15年たっても着崩れない品質と、今も覚えてる買ったときの高揚感は、やっぱり永遠。本当にいいものを自分で買ってみることは、感覚を磨き、質を知るためにも大切なこと。上質なものを知っているからこそ、崩すこともできる。スタイリストとしてもとても勉強になったお買いもののひとつです。

ピエールマントゥーのタイツ

54

総レースの繊細なストッキングや、ビッグメゾンのファッションショーでコラボレーションされたモードなアイテムなど、ピエールマントゥーの商品には技術とデザインを凝らしたアートのような作品がたくさんある。何しろこのブランドのポリシーは「世界で一番美しく、魅力的な足元を演出する」こと。1932年の創業以来、実に80年も、美しいストッキングに包まれた女性の脚に夢をかけてきたブランドなんです。
そんな、アートのようなラインナップの中、私がチョイスしたいのは、ひざや、すねの骨に沿って少しだけ透ける上品な50デニールのブラックタイツ。ハイブランドのコレクションラインもそうだけど、最高峰のモードを生み出すブランドの、その技術とセンスの真髄を究めたベーシックアイテムには、本当に素晴らしいものがある。「ベルーティン」と銘打たれたこの50デニールタイツは、ベルベットのような肌触りが特徴。見た目にはまるでパウダーのようにさらりとして、自然な艶があるこのタイツに脚を包まれると、6000円くらいでミラノで買った安いトレンド靴が、マノロ・ブラニクに見えてくる。まあ、それは大げさとしても、とてもエレガントな気分になることは間違いない。タイツは消耗品という考えもあるけど、ときにはベルベットの質感を自分の脚に体験してもらうのも素敵だと思う。もちろんはく前にはハンドクリームを塗って、ネイルもちゃんとチェックして、万全の態勢で。

Price | ¥4,410

Pierre Mantoux
VELOUTINE 50
Colors & Colors
LYCRA
3D
Haute Couture des Jambes

エルメスのプリュム

55

エルメスのバッグが好きな人なら、製造刻印のことを知っている人も多いと思います。ヨーロッパで最も尊敬されるべきブランドとして名高いエルメスは、誇り高い哲学をその刻印に込めている。そこには製造年と、製造されたアトリエ、手がけた職人の番号が刻まれている。つまり、エルメスの皮革製品はひとつひとつ、たったひとりの職人が最初から最後まですべての製造工程を手がけて完成させているのだ。作り手が魂を注いだ作品だということを知ると、私たちがこのバッグを通して本当に買っているものは何なのか、少しずつ見えてくる。

プリュムは、フランス語で「羽」。羽のように軽いバッグという意味。たくさんのアイコンバッグがあるけど、私が一番憧れるのはこのプリュム。ロゴやデザインでの主張がほとんどない、月のように静かな存在感が逆にとても堂々と感じられて、いつか見合う自分になれたときに一生もののバッグとして持ちたいと思います。もちろん手作りでの生産だから、欲しいときに、欲しいものがすぐ手に入るとは限らないけれど。〝お店に行ってお金を払えば、欲しいものはなんでも買える〟。エルメスはある意味、その常識にNOを突きつけるブランド。そこではひとつのバッグを買うという行為が、とても特別な、買い手と職人の誠実なやりとりとして扱われている。

手作りのミニテーブル

56

2年前の私の誕生日。ベッドサイドで目覚ましを置く台を探していて、いいのがなかなかない、と父に話したら、作ってくれることになりました。父は昔から日曜大工が得意。夏休みの宿題を手伝ってくれたり、ちょっとした椅子や棚なら自分で作る人。だから走り書きやメモの残った木材を日頃からストックしていて、このテーブルもそんな余り木で作ったみたいです。
うちの両親にはものを買って贈るという習慣があまりない。お祝い事というと母が作ってくれた食卓いっぱいのごちそうをみんなで食べる、それがうちの定番。さらに男親の父となると、思い出すのは包丁をといでくれたり、引っ越しを手伝ってくれたりしたこと。でもそういう、そう多くはない出来事の中に、口数の少ない父なりの不器用な愛情が込められていたことは十分すぎるほど知っていた。一回り小さくピカピカになった包丁や、重たい家具を器用に運んでいた父の姿。私にとってはどれだけ高価なものにも換えられない、尊い贈りものです。
テーブルをもらった年、私も父にスニーカーをプレゼントしました。汚れてくたびれてもいつまでも捨てずにはいているものだから、半年前の父の誕生日に新しいスニーカーを贈りました。それが結局、私から父への最後のプレゼントになりました。木材の文字が透けた手作りのテーブルと、新しいスニーカー。そこで交換されたのはものではなく、あなたが喜んでくれたら私も嬉しいというシンプルな想い。素朴な、だけどなによりも大切な愛情です。

56のギフトとそれにまつわる物語。
みなさんはどんな風に
受け取ってくださったでしょうか？
いつも見ている
いつも着ている
いつも食べている
いつもそばにいる、、、
日々の「あたりまえ」の中に
少しでも「特別」を感じてもらえれば
嬉しいです。
この本は、私からみなさまへの
「GIFT」です。

菊池京子

ショップリスト

01.04. リーミルズ エージェンシー 03-3473-7007
02. 伊勢丹新宿店／hum（ハム） 03-3357-0508
05. 株式会社ルック 03-3794-4343
06. アイ・ネクストジーイー 03-5496-4317
07. 株式会社日本万年筆 03-3388-8611
08. ファーバーカステル東京ミッドタウン 03-5413-0300
10. 開化堂 075-351-5788
12. 近江屋洋菓子店 03-3251-1088
13. HOLLYWOOD RANCH MARKET 03-3463-5668
14. 亀の子束子西尾商店 03-3916-3231
15. F.E.N. 03-3498-1640
16. クリスチャンルブタン ジャパン 03-6228-5474
17. ミキモト 0120-868-254
18. ロイヤルコペンハーゲン 本店 03-3211-2888
19. ヴァルカナイズ・ロンドン 03-5464-5255
20. 東レ インターナショナル株式会社 03-3245-6441
21. フレックスファーム 03-3470-8670
22. 和光 03-3562-2111
23. designshop 03-5791-9790
24. 喜風堂 03-3712-0959
25. ドゥロワー 青山店 03-5464-0226
26. カルティエ カスタマー サービスセンター 0120-301-757
27. タアコバ玉川髙島屋S·C店 03-5797-9266
28. リベコホーム 03-5647-8358

29.　パパジーノ株式会社　052-959-5740

30.　カシウエア　03-3486-5505

31.45.　八木通商　03-3224-2729

32.　L.L.Bean カスタマーサービスセンター　0120-81-2200

33.　ボッテガ・ヴェネタ ジャパン　0120-601-966

34.　ペルソール事業部　03-6427-2980

36.　十三里窯　小峰英利　049-226-4147

37.　リーバイス® ダブルエックス　03-6418-5501

39.　ティファニー・アンド・カンパニー・ジャパン・インク　0120-488-712

40.　サンタ・マリア・ノヴェッラ　03-3568-3700

41.　ブティックシーン 青山店　03-3478-4108

42.　TOUCH 六本木ヒルズ店　03-5786-9611

43.　SHIGETA 株式会社　03-6434-0798

44.　ジュリーク・ジャパン株式会社　03-5413-4600

46.　NIXON　03-6415-6753

47.　中川政七商店　0742-61-6676

48.　ストラスブルゴ　0120-383-653

49.　狸だんご本舗 栄むら　03-3401-8534

50.　紫野和久傳 丸の内店　03-3240-7020

51.　Koma aoyama　03-6419-7710

52.　MaeniMaeni　03-3443-9039

54.　ピエールマントゥー事業部　03-3523-9048

記載している商品価格（税込み）・会社名・ブランド名は2013年3月時点のものです。
変更になる場合もありますので、ご了承ください。

菊池京子　*Kyoko Kikuchi*
ベーシックからトレンドまで、多彩なコーディネートで人気を博するスタイリスト。
雑誌を中心に幅広く活動。ブランドとのコラボレーションも手掛ける。
自身のプライベートなコーディネートを公開するウェブサイト「K.K closet」も人気。
http://kk-closet.com/

撮影：John Chan　デザイン：伊丹友広　新 由紀子（IT IS DESIGN）
構成：岡崎直子　DTP：手塚英紀　編集：矢島 緑（幻冬舎）

Gift
買いものはいつも贈りもの

2013年3月30日　第1刷発行

著　者　菊池京子
発行者　見城 徹

発行所　株式会社 幻冬舎
〒151-0051 東京都渋谷区千駄ヶ谷4-9-7
電　話　03（5411）6211（編集）
　　　　03（5411）6222（営業）
　　　　振替00120-8-767643
印刷・製本所　大日本印刷株式会社

検印廃止

ISBN978-4-344-02352-9　C0095

幻冬舎ホームページアドレス　http://www.gentosha.co.jp/
この本に関するご意見・ご感想をメールでお寄せいただく場合は、
comment@gentosha.co.jp まで。